VOTRE LANGUE A-T-ELLE BESOIN DE GUÉRISON?

Puisque
"la mort et la vie sont au pouvoir de la langue"
il est impératif de savoir
comment elle peut être guérie

ISBN 2-911537-05-X

Originally published in English under the title “Does your tongue need healing?”, ISBN 0-88368-239-7.

Traduit avec permission de Derek Prince Ministries International USA, P.O. Box 19501, Charlotte, North Carolina 28219-9501, USA.

Traduit par Ingrid Vigoda.

Sauf autre indication, les citations bibliques de cette publication sont tirées de la traduction Louis Segond "Nouvelle Edition".

Publié par Derek Prince Ministries France, année 1996.

Dépôt légal: 2-ième trimestre 1996.

Imprimé aux Pays-Bas par Drukkerij Kuyte, Rotterdam.

Pour tout renseignement:

DEREK PRINCE MINISTRIES FRANCE
Cantignergues, F-34210 OLONZAC, FRANCE
tél/fax (33) 68 91 56 07

BUREAUX DE DEREK PRINCE MINISTRIES

Derek Prince Ministries International/USA
P.O. Box 19501
Charlotte, NC 28219-9501 Etats Unis
tél.(1)-704-357-3556
fax (1)-704-357-3502

Derek Prince Ministries Angleterre
P.O. Box 77
Harpenden
Hertfordshire AL5 1PJ Angleterre
tél. (44)-1582466200
fax (44)-1582-766777

Derek Prince Ministries Afrique du Sud
P.O. Box 33367
Glenstantia 0010 Pretoria
Afrique du Sud
tél. (27)-12-348-9537
fax (27)-12-348-9538

Derek Prince Ministries Australie
2/14 Pembury Road
Minto 2566
New South Wales
Australie
tél. (61)-2-603-9015
fax (61)-2-603-8184

Derek Prince Ministries Allemagne
Schwarzauerstr. 56
D-83308 Trostberg
Allemagne
tél. (49)-8621-64146
fax (49)-8621-64147

Derek Prince Ministries CIS/EE Outreach Office South
Francesco & Gaia De Maio
Via Beato Placido 22
62019 Recanati (MC)
Italie
tél./fax (39)-71 7572444

Derek Prince Ministries Canada
P.O. Box 8354 5M1
Halifax N.S. Canada B3K
tél. (1)-902 443-9577
fax (1)-902 443-9577

Derek Prince Ministries
Pays-Bas/EE/CIS
P.O. Box 234
4200 AE Gorinchem
Pays-Bas
tél.(31)-1836 26222
fax (31)-1836 28820

Derek Prince Ministries
Pacific du Sud
224 Cashel Street
P.O. Box 2029
Christchurch 8000
Nouvelle Zélande
tél.(64)-3-366-4443
fax (64)-3-366-1569

Derek Prince Ministries
Chine/Mongolie
(Singapour)
P.O. Box 2046
Robinson Road Post Office
Singapour 904046
tél. (65)-392-1812/1813
fax (65)-392-1832

Du même auteur:

****"Démonologie"**

Edité déjà en 1977, ce recueil de propos de Derek Prince constitue un manuel solide et biblique, traitant ce sujet délicat d'une façon modérée, réaliste et équilibrée.

****"Cours d'étude autodidactique de la Bible"**

Logique, profond et équilibré. Très pratique, traitant tous les grand sujets de la foi chrétienne, avec questions/réponses et versets à mémoriser. Surtout très utile pour des nouveaux chrétiens.

****"Le Saint Esprit Oui! Mais..."**

Le baptême dans le Saint Esprit? D'accord! Mais après? Notre vie quotidienne change-t-elle pour autant? Pourquoi Dieu nous baptise-t-Il dans le Saint-Esprit? Ce livre, en décrivant l'action du Saint Esprit dans la vie du chrétien, nous ouvre des horizons nouveaux, et nous rappelle que tous ceux qui sont conduits par l'Esprit de Dieu sont fils de Dieu.

****"Effervescence dans l'Eglise"**

Quels devraient être les fruits d'un réveil? Comment discerner entre le vrai et le faux? Un livre tout à fait actuel et balancé.

**** "Le remède de Dieu contre le rejet"**

Peut-être que le rejet est la cause de la douleur la plus profonde, formant les blessures les plus sensibles et vulnérables de l'homme. C'est une expérience courante de nos jours, et de nombreuses personnes en souffrent. Dieu a-t-Il pourvu une solution? Ce livre vous le montrera.

****"La destinée d'Israël et de l'Eglise"**

Les promesses de Dieu pour Israël ne seraient-elles plus valables pour Israël, et "transmises" automatiquement à l'Eglise? Comment définir "Israël"? Et "l'Eglise"? Quels sont leurs différents destins? Un livre que tous les chrétiens de notre temps devraient lire.

Bientôt disponible:

****"Dieu est un Faiseur de mariages"**

Comment se préparer au mariage? Quel est le plan de Dieu pour le mariage? Qu'est ce que la Bible dit sur le divorce? Est-ce-que la Bible permet de se remarier? Dans quelles conditions? Vous trouverez des réponses claires et bibliques à ces questions si pressantes, à partir d'une expérience personnelle, et plus de cinquante ans de ministère.

****"La Serie des Fondements de la Foi, 1,2,3"**

Un classique! Ecrit en 1965, révisé en 1977, traduit en de nombreuses langues partout dans le monde, traitant en profondeur le sujet du fondement de la foi chrétienne, selon Hébr. 6:1-3. Maintenant bientôt disponible en français! C'est l'outil indispensable à chaque chrétien, laïque ou engagé dans le ministère.

****"Le combat spirituel"**

Chaque chrétien est engagé dans un combat spirituel, bien que souvent il ne se rend pas compte! Il s'agit de discerner, d'apprendre à utiliser les armes de Dieu et de prendre position pour ce que Dieu nous a donné. Ce livre se montre le "manuel d'utilisation" clair et pratique pour chaque soldat chrétien.

****"A la recherche de la Vérité"**

Version étendue du "Cours d'etude autodidactique de la Bible". Plus large, et plus important, il est aussi très utile aux chrétiens qui cherchent à définir tous les éléments de leur salut en Jésus.

Ecrivez à notre adresse pour être tenu au courant gratuitement de toutes les nouvelles éditions, et toute autre nouvelle de

DEREK PRINCE Ministries France
Cantignergues F-34210 OLONZAC FRANCE
Tél/fax (33) 68 91 56 07

SOMMAIRE

CHAPITRE 1

LA MORT OU LA VIE?

Le titre de cette étude est une question: "Votre langue a-t-elle besoin de guérison?" Nous ne manquerons pas d'aller de surprise en surprise en développant ce sujet!

Laissez-moi commencer en soulignant un fait marquant sur la manière dont le Créateur façonna la tête humaine. Nous avons chacun sept orifices, un chiffre qui, dans l'Ecriture, exprime l'achèvement. Trois sont des paires: deux yeux, deux oreilles et deux narines. Mais le Créateur a restreint le septième orifice à **un seul**: la bouche. J'ai souvent demandé dans mon entourage: "Combien d'entre vous souhaiteraient avoir plus d'une bouche?" Mais je n'ai jamais rencontré une seule personne qui l'ait désiré! La plupart d'entre nous avons bien assez à faire à utiliser ce membre unique correctement! Ce seul orifice nous cause plus de problèmes que les six autres réunis!

En prenant une concordance biblique et en recherchant tout ce qui est écrit en rapport avec la bouche, la langue, les lèvres, le discours, les paroles, etc., vous serez étonné de ce que la Bible dit à ce sujet, et c'est avec de bonnes raisons. Il n'existe aucune partie de notre personnalité plus directement liée à notre bien-être total que notre langue et nos paroles.

LA MORT OU LA VIE?

Dans la première partie de cette étude je souhaite partager plusieurs passages de l'Ecriture qui accentuent tous l'importance vitale de nos paroles et de notre langue. Puis dans les parties suivantes, j'examinerai les principes qui se dégagent de ces passages bibliques.

Considérons d'abord Ps. 34:12-14:

> Venez, mes fils, écoutez-moi;
> Je vous enseignerai la crainte de l'Eternel.
> Quel est l'homme qui désire la vie,
> Qui aime de longs jours pour voir le bonheur?
> Préserve ta langue du mal,
> Et tes lèvres des paroles trompeuses.

La parole inspirée de Dieu offre de nous enseigner, en tant qu'enfants de Dieu, la crainte de l'Eternel. J'ai fait une série de cassettes audio qui montre qu'il n'y a rien dans toute l'Ecriture à laquelle est attachée une aussi grande bénédiction, une vie féconde et de satisfaction que la crainte de l'Eternel. Aussi, lorsque les Ecritures offrent de nous enseigner la crainte de l'Eternel, elles nous offrent quelque chose d'une valeur grande et infinie. En conséquence, le psalmiste nous dit que "la vie" et "de longs jours heureux" vont de paire avec la crainte de l'Eternel. Dans la Bible, la vie dans sa plénitude et la crainte de l'Eternel sont associées. La mesure de crainte de l'Eternel détermine la mesure de vraie vie dont nous jouissons.

D'une manière pratique, où commence la crainte de l'Eternel? C'est très clair. Le psalmiste dit: "Garde ta langue du mal et tes lèvres du mensonge." En d'autres termes, la partie de notre vie où se manifeste concrètement la crainte de l'Eternel sont notre langue et nos lèvres. Si nous pouvons garder notre langue du mal et nos lèvres du mensonge, alors nous pouvons accéder à la plénitude de la crainte de l'Eternel.

Aussi, de la crainte de l'Eternel vient la vie et des jours prolongés et heureux. La crainte de l'Eternel, la vie, des jours heureux et l'emploi approprié de notre langue et de nos lèvres sont liés ensemble. Nous ne pouvons pas avoir une vie heureuse si nous ne contrôlons pas notre langue et nos lèvres.

Prov. 13:3 dit:

> Celui qui garde ses lèvres garde son âme;
> Et celui qui parle avec précipitation verra bientôt sa ruine.

Votre âme est votre personnalité entière. C'est vous, réellement. C'est le lieu où toute faiblesse sera manifestée en premier et où l'ennemi se frayera un accès en premier. Si vous voulez garder votre âme, vous devez garder vos lèvres. Mais si vous vous précipitez dans vos propos, la ruine vous surprendra. L'alternative est claire: si vous contrôlez votre langue, vous êtes protégé; mais si vous perdez le contrôle de votre langue, et ne maîtrisez pas vos paroles, alors vous courez à la ruine. C'est très clair. Il n'existe pas de lieu intermédiaire.

Le livre entier des Proverbes déborde de ce principe. Considérons Prov. 21:23:

> Celui qui garde sa bouche et sa langue se garde des calamités.

Ici encore, la partie vitale à protéger est votre bouche et votre langue. Encore une fois, l'alternative au noir, c'est le blanc. Il n'y a pas de gris. Si vous gardez votre bouche et votre langue, vous gardez aussi votre âme et votre vie. Vous êtes en sécurité. Mais si vous échouez en cela, l'alternative est "la calamité". La calamité est un mot très fort et je crois que la Bible l'utilise délibérément. En échouant à garder nos lèvres et notre langue, finalement nous récoltons la calamité.

Il y a deux autres passages dans le livre des Proverbes, concernant l'usage de la langue, qui sont particulièrement expressifs.

> Une langue saine est un arbre de vie: mais la perversité dans le langage est une brêche dans l'esprit.
>
> Prov. 15:4

Cette traduction littérale de la version "King James" dit bien "une langue saine"; l'hébreu littéral dit: "la guérison de la langue". Ceci indique clairement que notre langue peut avoir besoin de guérison. Je crois que la langue de chaque pécheur a besoin de guérison. Elle est une partie de l'être où se manifeste le péché dans chaque vie. Il est d'autres parties de notre corps par lesquelles le pécheur peut ou non fauter, mais la langue est le membre par lequel chaque pécheur faute, et **elle doit être guérie.**

"La guérison de la langue est un arbre de vie." Remarquez à nouveau la relation étroite entre la vie et l'usage correct de la langue. L'alternative est: "la perversité du langage est une brêche dans l'esprit". "La perversité" signifie "le mauvais usage". Le détournement, la déviation de nos propos est une brêche, ou une fuite, dans notre esprit.

Je me souviens d'une assemblée où le pasteur itinérant, qui était invité à apporter le message, pria pour une personne de la manière suivante: "Seigneur, remplis-la de ton Saint-Esprit."

Mais le pasteur responsable de cette église, qui connaissait bien la personne en question, dit alors: "Non, Seigneur, car elle fuit comme un navire qui prend l'eau par une brêche!"

Beaucoup reçoivent une pleine coupe et sont bénis, mais cette bénédiction s'échappe par leur manque de maîtrise dans leurs propos; elle fuit par leur langue. Vous devez garder votre langue en bride si vous désirez contenir la bénédiction du Seigneur. C'est une chose d'être béni, c'en est une autre de retenir cette bénédiction. La guérison de la langue est un arbre de vie, qui nous apporte la vie ainsi qu'à notre entourage. C'est une oeuvre intérieure et extérieure.

> La mort et la vie sont au pouvoir de la langue, et ceux qui l'aiment en mangeront ses fruits.
>
> Prov. 18:21

L'alternative est toujours si claire. C'est soit la vie, soit la mort. Les deux sont au pouvoir de la langue. Si nous utilisons justement notre langue, elle sera un arbre de vie. Mais si nous l'utilisons de manière inappropriée, alors le résultat sera la mort. Quelle que soit la manière dont nous l'utilisons, nous en récolterons sûrement le fruit. Chacun mangera le fruit de ses propres paroles. Si le fruit est agréable, nous mangerons ce fruit agréable, mais si le fruit est amer, nous nous nourrirons de ce fruit amer. Dieu a ordonné les choses de cette manière.

Notre langue est le membre de notre corps qui conduit à un résultat capital, définitif et décisif. La vie et la mort sont au pouvoir de la langue.

CHAPITRE 2

C'EST DE L'ABONDANCE DU COEUR QUE LA BOUCHE PARLE

Nous allons illustrer ce thème afin de mieux l'étudier. Durant la Seconde Guerre mondiale, j'étais assistant médical dans l'armée britannique en Afrique du Nord. Il m'est arrivé d'être le seul aide médical responsable d'un poste dans le désert et devant soigner des patients tous atteints de dysenterie.

Chaque matin, le docteur sous les ordres duquel je travaillais m'appelait et nous faisions la ronde des patients qui étaient tous allongés à même le sable sur des paillasses.

Je remarquais bientôt comment, par deux phrases immuables, le docteur accueillait ses patients le matin. La première était: "Bonjour, comment vous sentez-vous?" et la deuxième était: "Montrez-moi votre langue."

Il me fallut peu de temps pour réaliser que le docteur attachait moins d'importance à la première question "Comment vous sentez-vous?". Il passait de suite à la seconde question "Montrez-moi votre langue". Lorsque le patient tirait sa langue, le docteur regardait attentivement. Puis il établissait son diagnostique bien plus en regardant la langue du patient, qu'en écoutant sa réponse à la première question posée.

Ce fait resta marqué dans ma mémoire et plus tard lorsque j'entrai dans le ministère, il m'a souvent semblé que Dieu agissait avec nous de la même manière que le faisait ce docteur avec ses patients. Dieu peut nous demander: "Comment vas-tu?" et nous Lui proposons une évaluation de notre condition. Mais je pense que ce que Dieu demande ensuite de manière imagée est: "Montre Moi ta langue!" Et lorsque Dieu examine notre langue, Il forme ensuite Sa propre évaluation de notre réelle condition spirituelle. L'état de votre langue est un guide très fidèle de votre condition spirituelle.

Nous allons maintenant considérer plusieurs passages dans la Bible qui établissent le principe d'une relation directe entre le coeur et la bouche. Jésus affirme dans Mat. 12:33-37:

> Dites que l'arbre est bon et que son fruit est bon, ou dites que l'arbre est mauvais et que son fruit est mauvais, car on connaît l'arbre à son fruit. Race de vipères (Jésus parlait des dirigeants religieux de son époque), comment pourriez-vous dire de bonnes choses, mauvais comme vous l'êtes? Car c'est de l'abondance du coeur que la bouche parle. L'homme bon tire du bien de son bon trésor, et l'homme mauvais tire du mal de son mauvais trésor. Je vous le dis: au jour du jugement, les hommes rendront compte de toute parole vaine qu'ils auront proférée. Car par tes paroles tu seras justifié, et par tes paroles tu seras condamné.

Jésus établit ici une relation directe entre la bouche et le coeur en utilisant une parabole. En effet, Il compare le coeur à un arbre et les paroles qui sortent de notre bouche aux fruits de cet arbre. Et les propos qui sortent de votre bouche indiqueront la condition de votre coeur. Il dit, par exemple, "du bon trésor de son coeur, un homme bon sort de bonnes paroles; de même du mauvais trésor de son coeur sortent des propos mauvais d'un homme mauvais". Remarquez que Jésus emploie trois fois "bon" et trois fois "mauvais". Si le coeur est bon, alors il sortira de bonnes paroles par la bouche. Mais si le coeur est mauvais, alors les propos qui sortiront de la bouche seront mauvais.

Dans Mat. 7:17-18, Jésus s'exprime d'une manière analogue:

> Tout bon arbre porte de bons fruits, mais le mauvais arbre produit de mauvais fruits.
> Un bon arbre ne peut porter de mauvais fruits, ni un mauvais arbre porter de bons fruits.

La nature de l'arbre détermine inévitablement la sorte de fruits. Et à l'inverse, lorsque nous voyons la qualité du fruit, nous connaissons la nature de l'arbre. L'arbre, c'est le coeur, et le fruit, c'est la bouche, nos propos. Si le coeur est bon, les paroles qui viennent à la bouche seront bonnes. Mais si les propos venant de la bouche sont mauvais, nous savons que le coeur est mauvais. Nous ne pouvons avoir de mauvais fruits d'un arbre sain, de même nous ne pouvons avoir de bons fruits d'un mauvais arbre. Il y a une relation indubitable entre l'état du coeur et l'état de la bouche.

Nous pouvons nous cacher à nous-mêmes l'état de notre coeur avec toutes sortes d'idées comme notre bonté, notre pureté ou notre droiture, mais le révélateur infaillible et sûr est "ce qui sort de notre bouche". Si ce qui sort de notre bouche est corrompu, alors notre coeur est corrompu. Il ne peut y avoir d'autre conclusion.

J'ai été éducateur durant cinq ans en Afrique de l'Est. La tribu des Marigoli est l'une parmi lesquelles j'ai travaillé. J'ai été étonné de découvrir que le même mot dans cette langue désigne "le coeur" et "la voix". Je me suis souvent demandé comment déterminer lequel des deux mots mon interlocuteur voulait exprimer. Mais en y réfléchissant, j'ai commencé à percevoir le sens profond de l'emploi de ce terme dans les deux cas. En réalité, la voix indique le coeur. La voix dit avec des mots quelle est la condition du coeur. C'est la même chose lorsque Jésus dit que de mauvaises paroles ne peuvent provenir d'un coeur bon et que de bonnes paroles ne peuvent jaillir d'un coeur mauvais.

Lorsque nous venons à Dieu avec une évaluation de notre condition spirituelle personnelle, je pense que Dieu est à même de répondre de manière indentique que le médecin à l'égard de ses patients atteints de dysenterie dans le désert. Il se peut que vous disiez: "Dieu, je suis un très bon chrétien. Je T'aime vraiment et je vais à l'église." Mais Dieu dit: "Montre-Moi ta langue. Lorsque J'aurai examiné tes propos, Je connaîtrai la vraie condition de ton coeur."

Je désire illustrer cela avec deux portraits prophétiques de l'Ancien Testament: le premier est celui de Christ le Messie, et le second celui de l'Epouse de Christ, l'Eglise. Remarquez dans chaque cas que le trait souligné d'abord et avant tout est la condition des lèvres et de la bouche. Ps. 45:1-2 nous présente un portrait prophétique du Messie très beau:

> De mon coeur débordent des paroles excellentes.
> Je me dis: mon oeuvre est pour le roi!
> Ma langue est comme la plume d'un habile écrivain.
> (Et voici les paroles que l'écrivain adresse au Roi, au Messie:) Tu es beau, plus beau qu'aucun des fils des hommes. La grâce est répandue sur tes lèvres;
> C'est pourquoi Dieu t'a béni à jamais.

Voici un portrait du Messie dans Sa grâce, Sa beauté, Sa pureté morale. Quel premier aspect de cette beauté est manifesté? Ses lèvres. "La grâce", il est écrit, "est répandue sur tes lèvres." Puis il est dit "c'est pourquoi Dieu t'a béni pour toujours".

Deux principes très importants sont notés ici. D'abord, la grâce du Messie est manifestée premièrement sur Ses lèvres. Ensuite, Dieu L'a béni pour toujours à cause de la grâce de Ses lèvres. Lorsque Jésus est apparu sous forme humaine et que des hommes furent envoyés pour L'arrêter, ils revinrent sans Lui, et on leur demanda pourquoi ils ne L'avaient pas amené. Ils répondirent: "Personne n'a jamais parlé comme le fait cet homme." (Jean 7:45-46) La grâce qui coulait de Ses lèvres démontrait qu'Il était le Messie.

Au Cantique des Cantiques se trouve un portrait prophétique de Christ et de Son Epouse et de la relation entre eux. C. des C. 4:3 s'adresse à l'Epouse:

> Tes lèvres ressemblent à un ruban écarlate, et ta bouche respire le charme.
> Derrière ton voile, ta joue ressemble à une moitié de grenade.

Le premier trait relatif à l'Epouse sont ses lèvres. "Tes lèvres sont comme un fil écarlate et ta bouche est aimable."
Le mot "écarlate" ici exprime la sanctification au travers du sang de Jésus. Les lèvres ont été touchées par le sang. Il en résulte que la bouche est aimable. Remarquons le visage caché derrière un voile. "Ta joue est comme une moitié de grenade", mais derrière un voile. Cependant on entend la voix derrière le voile. Les autres beautés sont cachées, mais la beauté de la voix passe au travers du voile. La voix est l'élément le mieux perçu. Dans le même chapitre, nous lisons au verset 11:

> Ta bouche, ô ma fiancée, distille le miel; le lait et le miel coulent de tes lèvres!
> Tes vêtements sont embaumés comme les monts du Liban.

Remarquons deux mots significatifs en relation avec la langue de la fiancée, "le lait et le miel". Ce sont également les deux traits éloquents de la terre promise. La beauté de celle-ci est vue dans la fiancée et en particulier sur sa langue et ses lèvres. Associé aux lèvres aimables, un parfum s'échappe du voile. Encore une fois, on ne peut voir la silhouette nette de la fiancée derrière le voile, mais sa voix et son parfum émanent du voile par la beauté de ses lèvres. Elles sont comme un fil écarlate et sa bouchc est aimable.

Cela est-il vrai de vous et de moi en tant que disciples de Jésus? Nous avons vraiment besoin de nous poser cette question à nous-mêmes.

* * * * * * *

CHAPITRE 3

DESCRIPTION BIBLIQUE DE LA LANGUE

Nous avons jusqu'à maintenant considéré la relation directe entre notre coeur et notre bouche, comme le résume Jésus dans Mat. 12:34 "de l'abondance du coeur la bouche parle". Lorsque le coeur est plein, il déborde par la bouche et nous montre sa vraie condition.

Il y a plusieurs portraits de Christ et de Son Epouse dans l'Ancien Testament. Pour Christ, le Messie et Son Epouse, l'Eglise, le premier trait de la grâce de Dieu exprimant la beauté morale et spirituelle, ce sont leurs lèvres et leurs paroles.

Nous allons considérer le thème biblique de la langue elle-même. L'épître de Jacques traite particulièrement de ce sujet. Considérons d'abord plusieurs réflexions profondes que Jacques fait concernant la religion que Dieu accepte, et celle qu'Il n'accepte pas. Il dit au sujet de la religion que Dieu n'accepte pas:

> Si quelqu'un pense être religieux, sans tenir sa langue en bride, mais en trompant son coeur, la religion de cet homme est vaine.
>
> Jac. 1:26

Le fait de nous prétendre grandement religieux importe peu! Nous pouvons fréquenter assidûment l'église, chanter des cantiques et accomplir toutes les autres choses qu'on attend des gens religieux. En elles-mêmes, toutes ces choses sont bonnes.

Nous pouvons faire toutes ces choses, mais **si nous ne tenons pas en bride notre langue, notre religion est sans valeur et inacceptable à Dieu.** Que Dieu donne à toute personne religieuse de faire face à ce problème.

D'autre part, Jacques nous explique la religion acceptée par Dieu. Et elle est différente des pratiques du fidèle moyen fréquentant l'église régulièrement aujourd'hui.

> La religion pure et sans tache, devant Dieu le Père, consiste à visiter les orphelins et les veuves dans leurs afflictions, et à se garder des souillures du monde.
>
> Jac. 1:27

La première demande positive de la religion pure n'est pas d'aller à l'église chaque dimanche, ou même de lire la Bible. C'est de prendre soin et d'agir avec amour envers ceux qui en ont besoin, et d'abord aux orphelins et aux veuves.

Je vous suggère, si vous êtes une personne religieuse d'une manière ou d'une autre, de prendre le temps de vous regarder dans le miroir de la parole de Dieu dans Jac. 1:26-27. Si vous ne contrôlez pas votre langue, votre religion n'a aucune valeur. Si vous désirez avoir la religion acceptée par Dieu, elle doit être démontrée d'abord et avant tout en prenant soin de ceux qui sont en détresse: les orphelins et les veuves.

Je pense à nouveau à ce médecin dans le désert lorsqu'il demandait à ses patients comment ils se sentaient. Il n'était pas trop intéressé par la réponse parce que la demande qu'il faisait ensuite était "Montrez-moi votre langue".

C'est ce que Jacques dit vraiment dans ces deux versets. Si vous voulez impressionner Dieu par votre religion, Sa première demande sera "Montre-Moi ta langue". Il va juger d'après votre langue si votre religion est valable et acceptable ou non.

Jacques emploie un certain nombre de comparaisons pour illustrer la fonction du langage dans notre vie. D'abord, Jac. 3:2 dit:

> Nous bronchons tous de plusieurs manières. Si quelqu'un ne bronche pas en paroles, c'est un homme parfait, capable de tenir tout son corps en bride.

Jacques explique ici que si vous pouvez contrôler votre langue, vous pouvez contrôler votre vie. Vous êtes un homme parfait si vous pouvez contrôler votre langue. Puis il illustre ce rappel à l'aide de quelques exemples dans la nature. Jac. 3:3-8:

> Nous mettons un mors dans la bouche des chevaux, pour nous en faire obéir, et ainsi nous dirigeons tout leur corps. Voyez aussi les navires: quelque grands qu'ils soient, et bien que poussés par des vents violents, ils sont dirigés par un très petit gouvernail, au gré du pilote. De même, la langue est un petit membre; mais de quelles grandes choses elle peut se vanter! Voyez quelle grande forêt un petit feu peut embraser. La langue aussi est un feu: c'est le monde de l'iniquité. La langue, placée comme elle l'est parmi nos membres, souille tout le corps et enflamme tout le cours de la vie, étant elle-même enflammée du feu de la géhenne. Toutes les espèces de bêtes sauvages, d'oiseaux, de reptiles et d'animaux marins peuvent être et ont été domptés par l'espèce humaine. Mais la langue, nul ne peut la dompter, elle est pleine d'un venin mortel.

Jacques expose l'importance unique et la conséquence de la langue sur le cours entier de notre vie. Le premier exemple qu'il emploie est le mors dans la bouche du cheval. Il dit que si nous parvenons à mettre un mors dans la bouche du cheval, nous pouvons dompter cet animal.

Le cheval, dans la Bible, est le symbole de la force physique. Jacques dit que quelle que soit la force d'un cheval, si vous pouvez contrôler sa bouche grâce au mors, vous pouvez contrôler tout l'animal. La force du cheval est amenée à se soumettre par le contrôle de sa bouche. Il en est de même pour nous. Ce qui contrôle notre bouche contrôle le cours entier de notre vie.

L'exemple suivant est un peu plus marquant encore. Jacques compare la langue au gouvernail d'un bateau. Un bateau peut être de grande taille, mais il est porté au gré des forces puissantes des vents et des vagues. Cependant il existe sur le bateau une pièce, petite mais vitale, le gouvernail. C'est par l'usage du gouvernail qu'on détermine le trajet du bateau. Si l'on fait bon usage du gouvernail, le bateau arrive au port en sécurité, sans incident. Mais si l'on fait mauvais usage du gouvernail, le bateau peut faire naufrage.

Jacques dit qu'il en est de même pour notre vie. La langue est le gouvernail. Elle contrôle le cours de notre vie. Si le gouvernail qu'est notre langue est employé correctement, nous parviendrons en sécurité à destination. Mais si l'on ne fait pas bon usage de notre langue, le naufrage nous guette.

Jacques donne également l'exemple d'une petite étincelle qui peut entamer un feu de forêt. Chaque année aux Etats-Unis, des milliards de dollars sont perdus à cause des incendies de forêt, et ceux-ci commencent juste par une petite étincelle, comme le dit Jacques. Le Service des Eaux et Forêts a publié un poster très frappant disant: "Vous seul êtes en mesure d'empêcher les feux de forêt."

Ceci est vrai dans le domaine spirituel également. La langue est comme une petite étincelle qui peut provoquer un feu de forêt de vaste proportion, causant des dégâts en milliards de francs. Beaucoup d'églises et de groupes religieux n'existent plus parce qu'une langue causa une étincelle qui brûla tout au point qu'on ne put jamais rien préserver ou rétablir.

L'exemple final de Jacques est une source de poison mortel. Il dit que la langue est un élément meurtrier qui peut nous empoisonner en répandant l'infection au travers du cours entier de notre vie.

Considérons une fois encore ces exemples: le mors dans la bouche du cheval, le gouvernail du bateau, l'étincelle qui allume un feu de forêt et le poison qui est injecté dans le cours de notre vie. Le principe soulignant chaque illustration est le même: la langue est un petit membre du corps, mais elle peut causer des dégâts inestimables qu'on ne pourrait jamais parvenir à réparer.

Jacques continue en montrant, une fois encore, l'inconsistance des personnes religieuses:

> Avec la langue nous bénissons le Seigneur, notre Père, et par elle nous maudissons les hommes, faits à l'image de Dieu. De la même bouche sortent la bénédiction et la malédiction! Il ne faut pas mes frères qu'il en soit ainsi. Jaillit-il d'une même source de l'eau douce et de l'eau amère? Mes frères, un figuier peut-il donner des olives, ou une vigne des figues? Une source d'eau salée ne peut pas non plus donner de l'eau douce.
>
> Jac. 3:9-12

Jacques répète ce que Jésus a déjà énoncé. Si l'arbre est bon, le fruit sera bon. Si vous avez un figuier dans votre coeur, de votre bouche sortira des figues. Mais si vous avez une vigne dans votre coeur, aucune figue ne sortira de votre bouche. Ce qui sort de votre bouche indique ce qui est dans votre coeur.

Il en est de même pour l'eau. Si l'eau jaillissant de votre bouche est fraîche, c'est que la source qui est dans votre coeur est fraîche. Mais si l'eau qui jaillit de votre bouche est salée et saumâtre, alors la source de votre coeur est salée et saumâtre. Ainsi, ce qui sort de votre bouche indique inéluctablement la condition réelle de votre coeur.

* * * * * * *

CHAPITRE 4

VOS PAROLES DETERMINENT VOTRE DESTINEE

Le trait commun aux différentes images employées par Jacques pour illustrer la fonction de la langue dans notre vie est le suivant: la langue est quelque chose de petit en soi, mais capable de causer des dégâts incalculables si elle n'est pas contrôlée. Des quatre images particulières auxquelles je me suis référé (le mors du cheval, le gouvernail du bateau, l'étincelle qui allume un feu de forêt et la source de poison corrompant le cours entier de la vie), celle qui illustre le mieux le potentiel incroyable de la langue est le gouvernail du bateau.

Le gouvernail est visiblement une très petite partie du bateau qui est juste en dessous de la surface de l'eau. On ne le voit pas lorsqu'on regarde le bateau voguant à la surface des eaux. Cependant, cette petite partie qui n'est pas visible à l'oeil normalement, détermine la direction du bateau. Si le gouvernail est employé correctement, le bateau atteindra sa destination en toute sécurité. Mais si le gouvernail est mal utilisé, il est presque certain que le bateau fera naufrage. Le gouvernail détermine la course et la destinée du bateau entier.

La Bible dit que la langue est semblable au gouvernail de notre corps. Lorsque nous regardons les gens d'après leur aspect extérieur, nous ne voyons pas leur langue normalement. Cependant ce petit membre anodin est juste comme le gouvernail du bateau. L'utilisation de la langue détermine le cours de la vie d'une personne. Elle détermine sa destinée.

Pour poursuivre cette étude, nous allons considérer un exemple de l'histoire d'Israël qui illustrera de manière très claire cette leçon. Voici donc:

L'homme détermine sa propre destinée par la manière dont il utilise sa langue.

L'incident que nous allons étudier se trouve dans le livre des Nombres, chapitres 13 et 14. Les Israélites étant sortis d'Egypte ils étaient en route vers la terre promise. Dieu ordonna à Moïse d'envoyer douze éclaireurs pour examiner le pays, la nature de ses habitants, le genre de villes, les cultures et les fruits, et de faire un rapport à leur retour.
Un chef fut choisi parmi chacune des douze tribus pour pénétrer en éclaireur dans le pays. Ils marchèrent quarante jours à travers le pays et revinrent avec leur rapport. Nous le lisons dans Nb. 13:26-28:

> A leur arrivée, les éclaireurs se rendirent auprès de Moïse, d'Aaron et de toute la communauté des Israélites, à Qadech dans le désert de Paran. Ils leur firent un rapport, ainsi qu'à toute la communauté, et leur montrèrent les fruits du pays.

Voici ce qu'ils racontèrent à Moïse:

> Nous sommes arrivés dans le pays où tu nous as envoyés. C'est bien un pays découlant de lait et de miel, et en voici les fruits. (Les fruits étaient si lourds qu'il fallait deux hommes pour porter une grappe de raisins sur une perche entre eux. Mais voici ce qu'ils dirent ensuite:) Néanmoins, le peuple qui habite ce pays est puissant, les villes sont fortifiées, très grandes; nous y avons même vu des enfants d'Anaq (des géants).

Lorsque Dieu vous fait une promesse, allez-vous accepter cette promesse selon sa valeur, ou allez-vous l'accepter et ensuite dire "néanmoins"? Ce fut un mot fatal qui perturba et désespéra le peuple d'Israël.

Cependant deux éclaireurs, Caleb et Josué, refusèrent de prendre part à leur attitude négative. Dans Nb. 13:30-31 nous lisons:

> Caleb fit taire le peuple qui murmurait contre Moïse. Il dit: Montons et nous prendrons possession du pays; car nous en serons vainqueurs! Mais les hommes qui étaient montés avec lui dirent: Nous ne pouvons pas monter pour combattre ce peuple, car il est plus fort que nous.

Remarquons les mots employés ici. Caleb a dit: nous sommes très capables de vaincre. Les dix autres éclaireurs ont dit: nous n'en sommes pas capables. Caleb et Josué ont parlé positivement: nous sommes capables. L'autre groupe a parlé négativement: nous n'en sommes pas capables. Au fil du récit, nous verrons ce que chacun de ces deux groupes a reçu selon sa parole. Leur destinée fut accomplie selon leur déclaration. Nb. 14:20-24:

> Et l'Eternel dit: Je pardonne comme tu l'as dit. Mais, je suis vivant! Et la gloire de l'Eternel remplira toute la terre. Tous les hommes qui ont vu ma gloire et les signes que j'ai opérés en Egypte et dans le désert, qui m'ont tenté déjà dix fois et qui n'ont pas écouté ma voix; tous ceux-là ne verront pas le pays que j'ai juré à leurs pères (de leur donner), tous ceux qui m'ont outragé ne le verront pas. Et parce que mon serviteur Caleb a été animé d'un autre esprit et qu'il a pleinement suivi ma voie, je le ferai entrer dans le pays où il s'est rendu, et sa descendance en prendra possession.

Par sa déclaration positive, Caleb établit sa destinée pour le positif.

Nous poursuivons dans Nb. 14:26-32:

> L'Eternel parla à Moïse et à Aaron et dit: Jusques à quand laisserai-je cette communauté méchante murmurer contre moi? J'ai entendu les murmures des fils d'Israël qui murmuraient contre moi. Dis-leur: je suis vivant! dit l'Eternel, je vous traiterai certainement selon ce que vous avez dit à mes oreilles. Vos cadavres tomberont dans ce désert. Vous tous, que l'on a dénombrés, en vous comptant depuis l'âge de vingt ans et au-dessus, et qui avez murmuré contre moi, Vous n'entrerez pas dans le pays que j'avais promis de vous faire habiter excepté Caleb, fils de Yephounné, et Josué, fils de Noun.
> Et vos petits enfants, dont vous avez dit: Ils deviendront une proie! je les y ferai entrer, et ils connaîtront le pays que vous avez dédaigné. Mais vos cadavres, à vous, tomberont dans ce désert.

Remarquez ces paroles: "Je vous traiterai certainement selon ce que vous avez déclaré à mes oreilles." En fait, Dieu est en train de leur dire: Vous avez établi par vos paroles ce que Je ferai pour vous.

> Les hommes que Moïse avait envoyés explorer le pays et qui, à leur retour, avaient fait murmurer contre lui toute la communauté, en décriant le pays. Ces hommes, qui avaient âprement décrié le pays, moururent frappés d'une plaie devant l'Eternel. (Ils ont établi leur propre mort. Ils ont déclaré des paroles de mort et la mort en fut le résultat.) Mais Josué, fils de Noun, et Caleb, fils de Yephounné, restèrent seuls vivants parmi ces hommes qui étaient allés explorer le pays. Nb. 14:36-38

La mort et la vie sont au pouvoir de la langue. Ce passage l'illustre très clairement. Les hommes parlant négativement se destinèrent à la mort. Ceux parlant positivement reçurent la vie. Ils établirent leur propre destinée par leurs paroles. Les uns, ceux qui déclarèrent: nous ne sommes pas capables, furent incapables. Les autres, ceux qui affirmèrent: nous sommes capables, furent capables.

Dans le Nouveau Testament, l'expérience du chrétien est directement comparable à celle d'Israël dans l'Ancien Testament. Nous sommes avertis que cette même leçon s'applique à nous-mêmes. Héb. 4:1-2 dit:

> Craignons donc, tant que la promesse d'entrer dans son repos subsiste, que personne parmi vous ne se trouve être venu trop tard. Car la bonne nouvelle de l'Evangile nous a été annoncée aussi bien qu'à eux. Mais la parole qu'ils avaient écoutée ne leur servit de rien, car ceux qui l'entendirent ne la reçurent pas avec foi.

La même promesse que Dieu fit à Israël est valable pour nous - la promesse d'entrer dans le repos de Dieu - mais nous devons nous appliquer à ne pas la manquer comme le fit le peuple d'Israël dans l'Ancien Testament. Leur problème, c'est qu'ils entendirent le message, une promesse de Dieu, mais ils y ajoutèrent ce petit mot fatal "néanmoins". Au lieu de fixer leurs yeux sur la promesse de Dieu et déclarer avec hardiesse leur foi dans les promesses et la puissance de Dieu, ils ont fixé leurs regards sur le négatif. Ils ont fixé les géants et les villes fortifiées et ils ont dit: "Nous sommes incapables."
Il faut remercier Dieu pour les deux hommes qui ont eu la foi et le courage de dire: "Nous sommes capables."

Lorsque vous recevez les promesses de Dieu dans une situation précise, qu'allez-vous faire avec votre langue? Allez-vous déclarer et valider la promesse de Dieu? Allez-vous vous identifier avec elle et dire: "Dieu l'a dit; je suis capable." Ou allez-vous être un de ceux qui disent: "Néanmoins, regardons tous les problèmes. Dieu a effectivement promis, mais néanmoins je ne m'en sens pas capable." Rappelez-vous que tels ces éclaireurs ayant scellé leur destinée par leurs propos, ainsi est la leçon qui s'applique à quiconque a entendu l'Evangile. Nous scellons notre destinée de la même manière par les propos que nous tenons.

Dix des douze éclaireurs se fixèrent sur les problèmes, et non sur les promesses. Deux des éclaireurs, Josué et Caleb, se fixèrent sur les promesses, et non sur les problèmes. Josué et Caleb dirent: "Nous sommes très capables." Les autres éclaireurs affirmèrent: "Nous sommes incapables." Chacun reçut exactement selon ses paroles. Tous scellèrent leur destinée par la manière dont ils utilisèrent leur langue.

* * * * * * *

CHAPITRE 5

LES MALADIES DE LA LANGUE

Nous avons étudié un exemple de l'Ancien Testament illustrant comment "la mort et la vie sont au pouvoir de la langue". Nous avons appris que de l'usage juste de la langue découlera la vie, et qu'à l'inverse, de l'usage mauvais découlera la mort.

Nous allons considérer maintenant certaines maladies spécifiques affectant notre langage. Ces six maladies qui infectent couramment notre vie par le mauvais usage de notre langue peuvent en certains cas être fatales si elles ne sont pas traitées.

PREMIERE MALADIE: LES PROPOS EXCESSIFS

Cette maladie est si commune que les gens l'acceptent comme normale alors que cela ne l'est pas du tout. Prov. 10:19:

> Où l'on parle beaucoup, le péché ne manque pas; il est prudent celui qui retient ses lèvres.

Une autre lecture de ce verset serait:

> Lorsqu'il y a beaucoup de paroles, trangresser devient inévitable; mais celui qui restreint ses lèvres est sage.

En d'autres mots, lorsque l'on parle trop, on est sûr de dire quelque chose de mal. Il n'existe pas d'alternative.

Nous sommes également avertis dans la Bible de ne pas utiliser trop de paroles envers Dieu Lui-même. Ceci est un avertissement que la plupart d'entre nous a besoin d'entendre. Cette exhortation se trouve dans Eccl. 5:1-2:

> Quand tu entres dans la maison de Dieu, prends garde à tes pas. Approche-toi pour écouter, et non pour offrir des sacrifices pareils à ceux des insensés, qui ne comprennent pas la faute qu'ils commettent. Ne te hâte pas d'ouvrir la bouche, et que ton coeur ne soit pas prompt à formuler des promesses en la présence de Dieu; car Dieu est au ciel, et toi, tu es sur la terre. Que tes paroles soient donc peu nombreuses.

Quelqu'un m'a dit une fois: "Rappelez-vous que chanter un mensonge est aussi grave que dire un mensonge." J'ai entendu des frères et soeurs chanter des hymnes de consécration totale à Dieu, tel: "Je Te donne toute ma vie, Seigneur Jésus." Puis lorsque passe la corbeille d'offrande, ils n'y mettent qu'un pièce de cinq franc. Ces deux actes n'ont aucune consistance. Si vous n'avez pas l'intention de consacrer votre vie à Dieu, ne Lui chantez pas que vous Lui donnez toute votre vie, parce qu'Il vous demandera des comptes pour chaque parole dite - ou chantée - en Sa présence.

Un peu plus loin dans ce même chapitre, l'Ecriture indique qu'un ange enregistre nos paroles, nos prières et notre adoration. Un jour nous serons confrontés avec cet ange et l'enregistrement de nos paroles. Alors, dit la Bible, il sera trop tard pour dire "Je ne voulais pas vraiment dire cela!", parce que nous rendrons compte de tous nos propos, de nos chants et de nos prières. Un jour ces paroles seront étalées devant nous et nous devrons donner des explications si nous n'avons pas été sincères et n'avons pas vraiment vécu selon les paroles que nous avons dites.

Eccl. 5:3, le verset suivant poursuit:

> De même, en effet, que l'excès d'occupations provoque les songes vains,
> Ainsi la surabondance des paroles donne naissance à des propos insensés.

Employer beaucoup trop de mots est la marque de l'insensé. Une autre traduction dit: "On reconnaît la voix de l'insensé par la multitude de paroles qu'il emploie.

Lorsque vous entendez une personne parler sans cesse, il n'est nul besoin de plus de preuves: cette personne est insensée. "On connaît l'insensé par la multitude des paroles qu'il emploie." Quelle est la racine du mal? Je crois que c'est l'agitation: le manque de repos intérieur. Comparez cela avec ce que dit
Jac. 3:8:

> Nul ne peut dompter la langue. C'est un mal sans cesse en agitation, plein de venin mortel.

Les gens qui parlent sans cesse sont agités sans cesse et notre culture contemporaine ne compte plus ces personnes! Avez-vous été en présence de quelqu'un vous faisant tourner la tête par toutes les paroles débilées? Quelle est la racine du problème? L'agitation. Ses propos excessifs sont l'indication certaine que son coeur n'est pas au repos.

DEUXIEME MALADIE: LES PAROLES VAINES

Dans Mat. 12:36, Jésus dit:

> Je vous le dis: au jour du jugement, les hommes rendront compte de toute parole vaine qu'ils auront proférée.

Un jour nous allons devoir rendre compte pour chaque parole prononcée. Nous allons devoir répondre de chaque parole futile, qui manquait de sincérité, que nous ne pensions pas vraiment, que nous n'étions pas vraiment prêts à assumer, ou que nous n'avons pas mise en pratique dans notre vie.

Dans le sermont sur la montagne, Mat. 5:37, Jésus déclare:

> Que votre parole soit: oui, oui; non, non. Ce qu'on y ajoute vient du mal.

Voilà une déclaration écrasante: si nous disons plus que nous ne voulons, alors l'exagération, l'insistance inutile de notre discours vient du malin.

Laissez-moi résumer ceci par un simple conseil: "Ce que vous ne pensez pas vraiment, ne le dites pas." Si vous suivez cette règle simple, je vous promets qu'elle changera toute votre vie. Vous serez une personne différente. Si vous suivez cette règle une année entière, je vous promets qu'en fin de cette année vous serez une personne différente, et cela en mieux!

TROISIEME MALADIE: LES CANCANS

> Tu ne sèmeras pas la calomnie parmi ton peuple;
> Lév. 19:16

Répandre la calomnie par des propos futiles, manquant de vérité, exagérés ou malicieux, voilà ce que sont les commérages, les cancans. Le titre donné dans le Nouveau Testament à Satan, traduit par diable, signifie en grec "le calomniateur". C'est la racine du mot "diable" et la principale description que la Bible fait de lui. Si vous vous répandez en commérages et racontez des ragots, vous faites l'oeuvre du diable, à sa place. Vous êtes un représentant de Satan. Non seulement nous devons être attentifs afin de ne pas répandre des cancans, mais nous devons également refuser de les recevoir.

> Les paroles du médisant sont comme des friandises; elles pénètrent jusqu'au fond des entrailles.
>
> Prov. 18:8

Comme cela est vrai de la nature humaine. Lorsque nous entendons quelque chose de mal à propos de quelqu'un ou qui le place sous un mauvais éclairage, le tréfonds du coeur de l'homme se réjouit. "Les cancans, les calomnies sont des morceaux de choix pour la bouche." Prenez garde de ne pas avaler un tel morceau de choix placé devant vous! Il aura bon goût, mais il vous empoisonnera. Au moment où vous le recevrez dans votre coeur, votre vie commencera à ressentir l'effet du poison de cette calomnie.

> Celui qui va médisant révèle les secrets; evite donc celui qui aime à ouvrir ses lèvres.
>
> Prov. 20:19

Voyez comme ces maladies de la langue se combinent ensemble. Si vous écoutez des ragots, vous devenez un "receleur de ragots". Lorsque vous recevez quelqu'un qui a volé quelque chose et que vous acceptez de lui le produit de son vol, alors en termes légaux, vous devenez receleur. Ainsi, si vous entretenez les ragots et si vous les écoutez, vous devenez "receleur de ragots". C'est ce que Dieu dit au Ps. 15:1-3:

> O Eternel, qui séjournera dans ton tabernacle? Qui habitera sur ta montagne sainte? C'est celui qui marche dans l'intégrité, qui pratique la justice, qui dit la vérité telle qu'elle est dans son coeur; celui dont la langue ne sème point la calomnie, qui ne fait pas de mal à son semblable, et qui ne jette pas l'opprobe sur son prochain.

Il faut répondre à plusieurs critères pour accéder à la présence de Dieu, afin "de demeurer sur Sa montagne sainte". Nous devons marcher dans l'intégrité, pratiquer la justice, ét dire la vérité selon notre coeur.

Trois choses sont contre-indiquées. Nous ne devons ni calomnier de notre bouche, ni faire du mal à notre prochain, ni jeter le déshonneur ou en accepter l'écoute à l'encontre de nos amis.

Ne pas calomnier est insuffisant, nous devons refuser d'accepter la calomnie. Nous ne devons pas accepter les cancans à l'encontre de ceux que nous connaissons. Nous ne devons pas manger ces morceaux de choix, ces commérages qui sont un poison. Bien des relations sont empoisonnées une fois que ces morceaux de choix ont été avalés.

QUATRIEME MALADIE: LE MENSONGE

Il faut être prudent lorsqu'on veut décrire cette maladie de la langue par le terme approprié. Quelqu'un a utilisé cette définition: "le langage évangéli-é-l-a-s-tique". Un évangéliste voit deux cents personnes répondre à l'appel durant sa croisade, et au moment du rapport dans sa lettre annuelle, voici qu'elles sont devenues cinq cents personnes. Qu'est cela? De l'exagération ou du mensonge? En fait, c'est un mensonge. Mon but n'est pas de critiquer. Il est important que chacun d'entre nous ne soit pas trouvé coupable de mensonge.

Dans Prov. 6:16-19, l'écrivain nous avertit de sept faits que Dieu hait. Haïr est un mot très fort. Voici ce qu'il dit:

> Il y a six choses que hait l'Eternel, et sept qui lui sont en abomination: les yeux hautains, la langue menteuse, les mains qui répandent le sang innocent.

> Le coeur qui forme de mauvais desseins, les pieds qui se hâtent pour courir au mal, le faux témoin qui profère des mensonges, et celui qui sème les querelles entre les frères.

Parmi ces sept faits spécifiques que Dieu hait, trois sont attachés à la langue: la langue menteuse, le faux témoignage (évidemment cela affecte la langue aussi), et la personne qui répand les querelles par ses paroles parmi des frères (et, normalement, la façon dont ces querelles sont répandues, est par les paroles). Ainsi, parmi ces sept faits que Dieu hait, trois affectent la langue, et deux d'entre eux sont liés au mensonge. Ceci est énoncé dans Prov. 12:22:

> Le Seigneur hait les lèvres menteuses, mais il est réjouit par les hommes de vérité.

Ce verset présente une opposition entre "haïr" et "se réjouir". **"Le Seigneur hait les lèvres menteuses... Il est réjouit par les hommes de vérité."** Il n'existe rien entre ces deux faits.

Ce verset présente une seconde opposition entre le mensonge et la vérité. Une fois encore, il n'existe rien entre ces deux faits. Si ce n'est pas la vérité, c'est le mensonge. Si c'est le mensonge, le Seigneur hait cela. Si c'est la vérité, le Seigneur s'en réjouit.

Notre problème, c'est que nous avons tant de zones d'ombre dans notre pensée. Mais trouve-t-on ces zones dans l'Ecriture? Lorsque l'on remonte à la source, on réalise que chaque mensonge vient du diable. C'est une pensée effrayante, et je vais le prouver par les paroles mêmes de Jésus. S'adressant aux chefs religieux de Son époque (et rappelez-vous bien qu'il s'agit de personnes très religieuses), Jésus dit:

> Le père dont vous êtes issus, c'est le diable, et vous voulez accomplir les désirs de votre père. Il a été meurtrier dès le commencement; et il n'a pas persévéré dans la vérité, parce qu'il n'y a point de vérité en lui. Quand il profère le mensonge, il parle de son propre fonds, parce qu'il est menteur et le père du mensonge.
> Jean 8:44

Chaque fois qu'un mensonge dépasse nos lèvres, il vient du diable.

Un fait plus important encore et plus effrayant au sujet de cette maladie du mensonge est qu'à moins d'être stoppée et guérie, elle est mortelle.

> Quant aux lâches, aux incrédules, aux abominables, aux meurtriers, aux impudiques, aux magiciens, aux idolâtres et à tous les menteurs, leur part est dans l'étang ardent de feu et de soufre: c'est la seconde mort.
> Apoc. 21:8

Remarquez les groupes de personnes: les lâches, les incrédules, les vils, les meurtriers, les immoraux, ceux qui pratiquent la magie, les idolâtres et tous les menteurs. Cette maladie est incurable. Il n'y a pas d'issue: leur part est dans l'étang ardent de feu et de soufre. Une fois que la personne est destinée à cette seconde mort, c'est irrévocable. Je répète ce que j'ai dit: à moins que l'on ne stoppe la progression de la maladie du mensonge, et qu'on ne la guérisse, cette maladie est mortelle.

Apoc. 22:15 dit de la cité de Dieu:

> Dehors les chiens, les magiciens, les impudiques, les meurtriers, les idolâtres, tous ceux qui aiment et pratiquent le mensonge!

Ainsi, chacun de nous doit décider: Suis-je prêt (prête) à être guéri (guérie) de cette maladie du mensonge? Ou vais-je perdre mon âme à jamais? A moins d'être stoppée et guérie, cette maladie du mensonge mène à la mort.

CINQUIEME MALADIE: LA FLATTERIE

> Sauve-nous, ô Eternel! Car les hommes pieux disparaissent; il n'y a plus de fidèles parmi les fils des hommes. Ils s'adressent l'un à l'autre des paroles mensongères; ils parlent la flatterie aux lèvres, la duplicité au coeur. Que l'Eternel détruise toutes les lèvres flatteuses, et la langue qui parle avec arrogance...
>
> Ps. 12:2-4

Dans ce passage, David décrit l'état de déclin moral de la race humaine. Je crois que cela n'est pas différent aujourd'hui. Les hommes consacrés à Dieu sont difficiles à trouver. Les fidèles sont effacés, ils disparaissent. Quel en est le résultat? "Chacun ment à son voisin; leurs lèvres flatteuses parlent avec duplicité." Un jugement de Dieu est prononcé dans l'Ecriture envers ces lèvres flatteuses: "Que le Seigneur retranche toutes les lèvres flatteuses et toute langue hautaine."

Dans Prov. 26:28 nous avons cet avertissement:

> La langue trompeuse hait ceux qu'elle a abattus et la bouche flatteuse amène la ruine.

Si nous écoutons et acceptons la flatterie, ou si nous devenons des flatteurs nous-mêmes, notre fin sera la ruine.

> L'homme qui flatte son prochain tend un filet devant ses pas.
>
> Prov. 29:5

Après bien des années de ministère, j'ai appris par expérience combien cela est vrai. Il est des personnes qui flattent sans cesse par leurs paroles, mais elles ne sont pas sincères. Un autre motif se tapit derrière leur flatterie. Et bien des fois, si ce n'avait été par grâce divine, j'aurais été pris au filet de la flatterie. Je me serais laissé conduire dans des engagements ou des relations qui auraient été hors de la volonté de Dieu. Aussi, gardez en mémoire "qu'une langue flatteuse mène à la ruine" et que "celui qui flatte son prochain tend un piège sous ses pieds".

SIXIEME MALADIE: DES PAROLES LEGERES

> As-tu vu un homme étourdi dans ses paroles? Il y a plus à espérer d'un insensé que de lui.
>
> Pro. 29:20

Ce verset dit que si nous parlons avec précipitation et à la légère, notre condition est pire que celle d'un insensé. C'est une grave affirmation, parce que la Bible ne dit rien de bon au sujet des insensés.

L'Ecriture donne l'exemple d'un homme qui s'emporta dans ses paroles une seule fois et nous dit le prix qui lui en coûtat. Cet homme était Moïse. Dieu lui dit de passer devant les enfants d'Israël, de parler au rocher et qu'il en jaillirait de l'eau. Mais Moïse était tellement en colère envers les enfants d'Israël qu'il leur dit: "Vous êtes rebelles; devons-nous faire jaillir de l'eau de ce rocher?" Alors au lieu de parler au rocher, il le frappa. (Voir Nb. 20:7-12.)

Cet acte de désobéissance, exprimé par des paroles emportées, lui coûta le privilège de conduire les enfants d'Israël en terre promise. Ceci est décrit dans le Ps. 106:32-33:

> Ils excitèrent aussi le courroux de l'Eternel près des eaux de Mériba,

> Et Moïse fut affligé à cause d'eux; car ils aigrirent son esprit, de sorte qu'il prononça des paroles imprudentes.

Remarquez le diagnostique. Un esprit provoqué nous conduit à des propos dépourvus de sagesse de nos lèvres, et ces paroles précipitées nous coûtent le retrait de bien des bénédictions et des privilèges. Si Moïse dut payer un tel prix pour cette seule parole précipitée, soyons prudents afin de ne pas parler avec précipitation, ce qui nous coûterait bien cher dans le domaine spirituel.

* * * * * *

CHAPITRE 6

LA RACINE DU PROBLEME

Dans l'Ecriture, Dieu a pourvu à la guérison de notre langue. Et la première étape pour y parvenir est de reconnaître le problème. Le témoignage de la Bible est clair et explicite: la racine du problème qui affecte nos propos est notre coeur.

Dans Mat. 12:33-35 Jésus dit:

> Ou dites que l'arbre est bon et que son fruit est bon, ou dites que l'arbre est mauvais et que son fruit est mauvais; car on connaît l'arbre à son fruit.
> Race de vipères, comment pourriez-vous, étant méchants, dire de bonnes choses? Car c'est de l'abondance du coeur que la bouche parle...
> L'homme de bien tire de bonnes choses de son bon trésor; mais le méchant tire de mauvaises choses de son mauvais trésor.

Le coeur est l'arbre et les paroles sont les fruits. Les paroles qui sortent de notre bouche expriment la condition de notre coeur. Si le coeur est bon, les paroles sont bonnes. Si le coeur est mauvais, les paroles seront mauvaises. Soit notre coeur est bon, soit il est mauvais. Notre bouche abonde du contenu de notre coeur.

Si par accident vous renversez de l'eau d'une bassine sur le sol de la cuisine et constatez que l'eau ainsi répandue est souillée et grasse, vous n'avez nul besoin d'examiner l'eau contenue dans la bassine. Vous savez qu'elle est souillée et grasse également. Il en est de même de votre coeur. Si des paroles malicieuses, impures, incrédules et corrompues sortent de notre bouche, cela montre que la condition du coeur est identique.

Comparez ce passage de Matthieu avec Jac. 3:9-12, lorsque Jacques parle de l'incohérence des personnes religieuses:

> Avec la langue nous bénissons le Seigneur, notre Père, et par elle, nous maudissons les hommes faits à l'image de Dieu. De la même bouche sortent la bénédiction et la malédiction! Il ne faut pas, mes frères, qu'il en soit ainsi. Jaillit-il d'une même fontaine de l'eau douce et de l'eau amère? Mes frères, un figuier peut-il donner des olives, ou une vigne des figues? Une source d'eau salée ne peut pas non plus donner de l'eau douce.

Jacques associe deux images dans ce passage. L'une est une source d'eau, l'autre un arbre. Il dit qu'un olivier ne portera jamais d'autre fruit que l'olive. Certainement pas des figues. La variété d'arbre indique la variété du fruit. Jacques emploie ici la même image que Jésus. L'arbre est le coeur, et les fruits sont les paroles qui sortent de la bouche. Il emploie une autre image, celle d'une source. Il dit que si de l'eau salée ou saumâtre jaillit de la source, vous savez que la source est salée ou saumâtre.

Ces deux illustrations sont parallèles mais ne sont pas identiques. Les deux arbres représentent deux natures. L'arbre corrompu est le vieil homme, l'ancienne personnalité. Le bon arbre est la nouvelle nature en Jésus-Christ. Jésus a clairement affirmé cela de nombreuses fois. De la vieille nature charnelle sortiront des fruits qui lui correspondront.

La fontaine, ou la source, représente le domaine spirituel. Une source pure, le Saint-Esprit. Une source salée ou saumâtre, corrompue, un tout autre esprit.

Par conséquent, nous avons deux problèmes potentiels qu'exprime la bouche: premièrement, la vieille nature corrompue qui n'a pas été changée et continue à produire des fruits corrompus. Deuxièmement, un esprit qui n'est pas le Saint-Esprit, duquel jaillit une eau saumâtre, impure. L'essence de l'enseignement est la même dans les deux cas: ce qui est en nous, la condition de notre coeur, détermine ce qui sort par notre bouche. Aussi le problème de la langue ramène inévitablement au problème du coeur.

Nous sommes confrontés à la vérité exprimée par Salomon dans Prov. 4:23:

> Garde ton coeur plus que tout autre chose, car de lui viennent les sources de la vie.

Le mot "source" s'accorde à l'image employée par Jacques d'une fontaine, ou d'une source qui fait jaillir l'eau caractérisant sa provenance. Une autre traduction de Prov. 4:23 serait:

> Veille sur ton coeur avec application car de lui jaillissent les sources de vie.

Ce qui jaillit de votre vie, au travers de votre bouche, a son origine dans votre coeur. Si la source est pure, ce qui en sort sera pur également. Si la source est corrompue, ce qui en sort sera corrompu.

Nous allons comparer ceci avec Héb. 12:15-16:

> Veillez à ce que personne ne se prive de la grâce de Dieu; à ce qu'il ne vienne pas à pousser quelque racine d'amertume qui pourrait entraver et infecter la plupart d'entre vous. Veillez à ce qu'il n'y ait parmi vous aucun impur, ni aucun profane comme Esaü, qui, uniquement pour un plat, vendit son droit d'aînesse.

Esaü avait le droit d'aînesse, mais il le vendit et le perdit. Nous pouvons avoir droit de naissance nouvelle, ou d'une promesse de Dieu, mais si nous ne nous conduisons pas avec droiture, nous perdons ce droit de nouvelle naissance et notre héritage, tout comme les dix éclaireurs qui revinrent du pays de Canaan avec un rapport défaitiste.

La raison pour laquelle Esaü agit ainsi remonte à une racine d'amertume dans son coeur. Il en avait envers Jacob, son frère. Cette racine d'amertume dans son coeur produisit de mauvais fruits dans sa vie qui corrompirent son existence et devinrent la cause de la perte de son droit d'aînesse. (Voir Ge. 25:19-34.) Ainsi la racine du problème était dans son coeur.

L'Ecriture nous met en garde: s'il existe une racine d'amertume dans le coeur de l'un d'entre nous, d'autres en seront infectés. L'usage corrompu et négatif de la langue cause l'infection. Les dix éclaireurs qui revinrent avec un rapport défaitiste corrompirent toute la nation. La nation entière fut infectée par cette maladie du négativisme.
C'est la raison pour laquelle Dieu nous traite si sévèrement. Il s'agit d'une maladie infectieuse.

Il y a d'autres exemples de racines mauvaises dans notre coeur qui s'expriment par notre langue et sont la cause de problèmes qui nous dérobent les bénédictions que Dieu désire nous donner. Nous pouvons avoir des racines de ressentiment, d'incrédulité, d'impureté, d'orgueil. Quelle que soit la nature de la racine dans notre coeur, elle se manifeste par la manière dont nous parlons. Nous voulons peut-être être gracieux et bon, mais la racine de ressentiment empoisonnera nos propos avec une sorte d'esprit de ressentiment. Nous essaierons de dire des paroles agréables, mais elles ne sonneront pas justes. Nous pouvons proclamer être des croyants, mais une racine d'incrédulité nous conduira à agir comme les dix éclaireurs, en ajoutant ce "néanmoins" aux promesses de Dieu. Cette vérité s'applique également à l'impureté et à l'orgueil.

Laissez-moi vous rappeler l'histoire du médecin dans le désert examinant ses patients atteints de dysenterie. La première question était: "Bonjour, comment vous sentez-vous?" Mais il se souciait peu de la réponse. La seconde demande était: "Montrez-moi votre langue." Comment répondriez-vous si Dieu vous demandait "Montre-Moi ta langue"?

* * * * * * *

CHAPITRE 7

PREMIERS PAS VERS LA GUERISON

Regardons ensemble trois étapes simples, pratiques et bibliques pour résoudre le problème de votre langue.

ETAPE NUMERO 1
NOMMEZ VOTRE PROBLEME DE SON VRAI NOM: LE PECHE

Il est important que nous devenions honnêtes. Aussi longtemps que nous emploierons une terminologie psychologique et fantaisiste pour masquer, protéger, excuser ou prétendre que notre problème n'est pas réellement là, rien ne pourra se produire. Il nous faut venir à un temps d'honnêteté. J'ai vu cela bien souvent lorsque la main de Dieu était à l'oeuvre, en moi, et avec bien d'autres personnes. Lorsque nous atteignons un temps d'honnêteté avec nous-mêmes, alors Dieu agit et nous aide. Aussi longtemps que nous essayons de couvrir, de mal représenter ou de mal définir notre problème, Dieu ne peut rien pour nous. Parfois nous disons: "Dieu, pourquoi ne m'aides-Tu pas?" Dieu répond (il se peut que nous ne l'entendions pas, mais Dieu répond): "J'attends que tu sois honnête; honnête avec toi-même et honnête avec Moi."

Ceci est la première phase, et la plus importante. Une fois que vous avez franchi cette étape, vous êtes sur le bon chemin qui mène à la phase suivante. Nommez votre problème par son vrai nom: le péché.

Les personnes religieuses ont des manières nombreuses et variées d'excuser ou de masquer le mauvais emploi, l'abus, le détournement de leurs propos. Nous pensons que ce que nous disons n'a pas beaucoup d'importance, mais Dieu dit que cela fait toute la différence. En fait, nous avons vu que nous établissons notre destinée par nos paroles. Jésus a dit: "Par tes paroles tu seras justifié, par tes paroles tu seras condamné." (Mat. 12:37) C'est un problème très sérieux. Ne badinons pas avec cela et ne perdons pas de temps! Venez à la vérité et dites: "J'ai un problème: c'est un péché." Lorsque vous êtes entré dans ce temps de vérité, vous êtes prêt pour la seconde étape.

ETAPE NUMERO 2
CONFESSEZ VOTRE PECHE ET RECEVEZ LE PARDON ET LA PURIFICATION

1 Jean 1:7-9 illustre cela clairement:

> Si nous marchons dans la lumière, comme il est lui-même dans la lumière, nous sommes en communion les uns avec les autres; et le sang de Jésus, son Fils, nous purifie de tout péché.
> Si nous disons que nous n'avons pas de péché, nous nous séduisons nous-mêmes, et la vérité n'est point en nous.
> Si nous confessons nos péchés, il est fidèle et juste pour nous les pardonner, et pour nous purifier de toute iniquité.

A nouveau, nous voyons l'importance d'être honnête. Le sang de Jésus ne purifie pas dans les ténèbres. C'est seulement lorsque nous venons à la lumière que nous recevons la purification par le sang de Jésus. Si nous marchons dans la lumière, le sang de Jésus-Christ nous purifie continuellement et nous garde de tout péché. Si nous disons que nous n'avons pas de péché, ce que j'ai montré être le vrai problème, nous nous séduisons nous-mêmes.

La vérité n'est pas en nous et nous ne sommes pas dans la lumière. Nous sommes encore dans les ténèbres où la grâce de Dieu ne peut oeuvrer.

Maintenant nous nous trouvons devant l'alternative. Si nous confessons nos péchés, venons à la lumière et reconnaissons la vraie nature et la gravité de notre problème, alors Dieu "est fidèle et juste pour pardonner nos péchés et nous purifier de toute iniquité". Deux mots sont employés: "fidèle" et "juste". Dieu est fidèle, car Il a promis et Il garde Sa promesse. Dieu est juste, car Jésus a déjà payé la rançon pour nos péchés. Ainsi Il peut nous pardonner sans compromettre Sa justice.

Si nous confessons nos péchés, l'Ecriture nous garantit que dans Sa fidélité et Sa justice, Dieu pardonnera nos péchés et nous purifiera de toute iniquité. Non seulement Dieu nous pardonne, mais, plus important encore, il nous purifie. Une fois notre coeur purifié, et cela parce que le coeur est la source de vie, nous ne continuons plus à commettre les mêmes péchés.

Si vous croyez que vos péchés sont pardonnés mais que pratiquement vous trouvez que vous n'êtes pas purifié, alors il faut vous demander si vous avez été réellement pardonné.
Dieu est le même, qui pardonne et purifie. L'Ecriture est la même, qui promet le pardon et la purification. Et Dieu ne s'arrête pas à mi-chemin. Si nous remplissons les conditions, nous obtiendrons l'oeuvre entière de pardon et de purification. Si nous ne remplissons pas les conditions, nous n'obtenons même pas la moitié, nous n'obtenons rien du tout.

Si nous confessons nos péchés, Dieu est fidèle et juste pour nous les pardonner et nous purifier de toute injustice en nous. Une fois que notre coeur est purifié, alors le problème disparaît de notre vie. Rappelez-vous que la condition du coeur détermine ce qui sort par la bouche. Un coeur pur ne peut produire des expressions impures. Des expressions impures démontrent un coeur impur.

D'abord, si nous nous plaçons sous la lumière, confessons et remettons à Dieu le problème, alors Dieu est fidèle et juste pour pardonner. Votre dossier du passé est effacé, et toutes ces choses que vous aimeriez n'avoir jamais dites sont effacées. Ensuite, Dieu purifie votre coeur. Puis, venant d'un coeur limpide et pur, ce qui sortira de votre bouche le sera aussi. Si votre coeur glorifie Dieu, alors vos lèvres glorifieront Dieu également. Dieu résout le problème de la langue et des lèvres en traitant la condition du coeur.

ETAPE NUMERO 3

REFUSEZ LE PECHE; SOUMETTEZ-VOUS A DIEU

Il y a un côté négatif et un côté positif agissant ensemble comme les deux faces d'une pièce de monnaie. Il vous faut exercer votre volonté dans les deux cas. Vous devez dire "non" au péché et "oui" à Dieu. Il vous faut faire les deux. Vous ne pouvez dire "non" au péché sans dire "oui" à Dieu, parce que vous serez alors aspiré dans un vide qui se remplirait à nouveau avec le même problème. Vous ne pouvez échapper au péché sans vous soumettre à Dieu. Dans Ro. 6:12-14 Paul dit:

> Que le péché ne règne donc point dans votre corps mortel, et n'obéissez pas à ses convoitises. Ne livrez pas vos membres au péché, pour qu'ils soient des instruments d'iniquité; mais donnez-vous vous-mêmes à Dieu puisque vous êtes devenus vivants, de morts que vous étiez, et offrez vos membres à Dieu pour qu'ils soient des instruments de justice. Car le péché ne dominera point sur vous, parce que vous n'êtes plus sous la loi, mais sous la grâce.

Lorsque le péché vous défie, dites: "Non, je ne me soumettrai pas à toi. Je ne te soumettrai pas les membres de mon corps. Par dessus tout, je ne soumettrai pas ce membre de mon corps qui cause pratiquement tous ces conflits: ma langue. Toi, péché, tu n'as plus le pouvoir de contrôler ma langue."

Ensuite, tournez-vous vers Dieu et dites: "Seigneur, je Te soumets ma langue; je Te la confie et Te demande de contrôler ce membre que je ne peux pas contrôler."

Regardons ce que dit Jacques:

> Toutes les espèces de bêtes sauvages, d'oiseaux, de reptiles et d'animaux marins peuvent être ou ont été domptés pas l'espèce humaine. Mais la langue, nul ne peut la dompter; c'est un mal qu'on ne peut réprimer, elle est pleine d'un venin mortel.
>
> Jac. 3:7-8

Vous devez accepter le fait que vous ne pouvez dompter ou contrôler votre propre langue. Seule une puissance peut contrôler votre langue pour le bien: la puissance de Dieu par le moyen du Saint-Esprit. Lorsque vous avez été pardonné et purifié, et êtes ensuite mis au défi d'employer votre langue pour le péché, vous devez dire au péché: "Tu ne peux pas avoir ma langue; je te la refuse." Puis vous devez dire à l'Esprit saint "Saint-Esprit, je Te soumets ma langue. Je ne peux pas la contrôler. Je Te demande de la contrôler pour moi."

Récapitulons brièvement ces trois étapes. Premièrement, nommez votre problème par son vrai nom, appelez-le "le péché". Deuxièmement, confessez votre péché et recevez le pardon et la purification. Troisièmement, refusez de vous soumettre au péché; décidez-vous résolument à vous soumettre à Dieu. C'est là le sommet du processus de délivrance et de guérison: soumettre à Dieu, le Saint-Esprit, ce membre que vous ne pouvez jamais contrôler.

* * * * * * *

CHAPITRE 8

LA RAISON POUR LAQUELLE VOUS AVEZ UNE LANGUE

Nous avons déjà vu que la racine de chaque problème affectant nos propos est dans notre coeur. Cela signifie évidemment que dans le but de traiter les problèmes affectant notre langue, nous devons d'abord traiter les racines des problèmes dans notre coeur.

Nous avons considéré les trois étapes à suivre pour traiter les problèmes à la racine dans notre coeur, et qui se manifestent par notre langue. Premièrement, nommez votre problème par son vrai nom, qui est le péché. Puis venez à un temps de vérité. Dieu ne pourra agir en vous que sur ce fondement de vérité. Dieu est le Dieu de vérité. Le Saint-Esprit est l'Esprit de vérité.

Deuxièmement, confessez et recevez le pardon et la purification en vous fondant sur la promesse de 1 Jean 1:9:

> Si nous confessons nos péchés, Dieu est fidèle et juste pour nous pardonner nos péchés et nous purifier de toute injustice.

Non seulement Dieu pardonne le passé, mais Il purifie le coeur afin que le problème en lui-même soit traité à sa racine. Ensuite se produit un changement dans le coeur et dans les fruits qui en sortent.

Troisièmement, refusez le péché et soumettez-vous à Dieu. Dites "non" au péché, et "oui" à Dieu. Refusez la péché et confiez-vous au Saint-Esprit. Il est la seule puissance dans l'univers qui puisse contrôler votre langue efficacement pour le bien.

Traitons plus à fond cet aspect positif de la troisième étape, qui est soumettre sa langue à Dieu.

D'abord, nous devons comprendre la vraie raison pour laquelle le Créateur nous a donné à chacun une bouche et une langue. Il y a une réponse dans l'Ecriture, mais c'est un de ces exemples de vérité biblique qui ne peut être découvert qu'en comparant deux passages et en les ajustant côte à côte. En faisant cela, il se dégage une révélation qui n'est pas donnée directement dans l'un ou l'autre des passages.

Dans ce cas présent, les deux passages auxquels je pense sont pris dans l'Ancien et le Nouveau Testament. Dans le Nouveau Testament, le passage est cité d'une certaine manière faisant ressortir le sens qui n'est pas apparent dans l'Ancien Testament. Le passage dans l'Ancien Testament est Ps. 16:8-9:

> J'ai l'Eternel constamment présent devant moi; parce qu'il est à ma droite, je ne serai point ébranlé. C'est pourquoi mon coeur est heureux et ma gloire se réjouit; ma chair reposera aussi en espérance.[1]

Veuillez, s'il vous plaît, fixer votre attention sur cette expression: "ma gloire se réjouit". Le jour de la Pentecôte, lorsque l'Esprit de Dieu se répandit sur les disciples et que la foule se rassembla pour en connaître la raison, Pierre prêcha son célèbre sermon. Il se référa à tout ce qui était arrivé dans la vie de Jésus, Sa mort et Sa résurrection. Il cita divers passages de l'Ancien Testament afin de prouver que Jésus était en effet le

Messie et le Fils de Dieu. L'un des passages cités était Ps. 16:8-9. La citation se trouve dans Ac. 2:25-26 où Pierre dit ceci:

> Car David a dit de lui:
> Je voyais constamment le Seigneur devant moi, parce qu'il est à ma droite, afin que je ne sois pas ébranlé.
> Voilà pourquoi mon coeur se réjouit et ma langue est dans l'allégresse;
> Et même ma chair reposera en espérance.

Maintenant nous joignons ensemble ces deux phrases du Ps 16:9 "ma gloire se réjouit" et Ac. 2:26, citant le même passage, "ma langue exulte". Là où David dit dans le Psaume "ma gloire", Pierre dit sous l'inspiration et l'interprétation du Saint-Esprit "ma langue". Ceci nous montre une chose profonde et importante: **notre langue est notre gloire.** On peut se demander pourquoi. La réponse est parce que le Créateur nous a donné une langue dans un but suprême: Le glorifier. La seule raison de la langue est qu'avec ce membre vous et moi pouvons glorifier Dieu. C'est pour cela que notre langue devient notre gloire. C'est le membre avec lequel, au-dessus de tous autres membres, nous pouvons glorifier le Créateur.
Ceci amène à une conséquence de grande importance. Chaque emploi de notre langue qui ne glorifie pas Dieu est un mauvais emploi, parce que notre langue nous a été donnée dans le but de glorifier Dieu.

Nous connaissons ce verset dans Rom. 3:23 où Paul affirme:

> Car tous ont péché et sont privés de la gloire de Dieu.

La nature même du péché, ce n'est pas nécessairement de commettre quelque crime terrible. La nature du péché, c'est de passer à côté, de ne pas atteindre la gloire de Dieu, ou de ne pas vivre pour la gloire de Dieu. On peut contester cela et dire: "Ce n'est pas vrai en ce qui me concerne, je n'ai pas manqué d'atteindre la gloire de Dieu."

Mais je vous demande de vérifier l'emploi de votre langue. Rappelez-vous que la seule raison d'avoir une langue est pour glorifier Dieu. Chaque fois que votre langue ne glorifie pas Dieu, est un mauvais emploi. Je ne pense pas qu'un seul d'entre nous puisse dire qu'il a toujours utilisé sa langue uniquement pour la gloire de Dieu. Aussi nous devons reconnaître la vérité de cette déclaration de Paul disant que "nous avons tous péché et nous avons manqué d'atteindre la gloire de Dieu". Si cela n'est pas vrai dans tout autre domaine, cela est vrai en ce qui concerne la langue.

Deux sortes de feu se retrouvent sur la langue humaine. En premier, le feu de l'enfer qui enflamme la langue de l'homme pécheur, naturel, et non régénéré. Jacques dit:

> La langue est un feu, elle est le monde de l'injustice: la langue a sa place parmi nos membres, elle souille tout le corps et embrase tout le cours de l'existence, embrasée qu'elle est par la géhenne.
>
> Jac. 3:6

Ce feu dans la langue humaine vient de l'enfer même et ses fruits, ses résultats et ses conséquences sont infernaux. Mais le jour de la Pentecôte, lorsque Dieu rassembla en un seul corps la communauté rachetée qu'Il voulait utiliser pour Sa gloire sur la terre, une autre sorte de feu vint d'une autre source. Le feu du Saint-Esprit vient du ciel, et non de l'enfer.
Le Saint-Esprit oeuvra d'abord dans les langues de ceux qui se trouvaient dans la chambre haute. En d'autres termes, le feu de Dieu chassa le feu de l'enfer de la langue naturelle. Le feu de l'enfer fut remplacé par un feu qui lave, purifie et glorifie Dieu. Lisons Act. 2:1-4:

> Lorsque le jour de la Pentecôte arriva, ils étaient tous ensemble dans le même lieu. Tout à coup, il vint du ciel un bruit comme celui d'un souffle violent qui remplit toute la maison où ils étaient assis. Des langues qui semblaient de feu et qui se séparaient les unes des autres leur apparurent; elles se posèrent sur chacun d'eux. (Notez qu'il y avait une langue de feu pour chacun.) Ils furent tous remplis d'Esprit saint et se mirent à parler en d'autres langues, selon que l'Esprit leur donnait de s'exprimer.

Remarquez que l'Esprit agit d'abord au niveau de leur langue. Le feu de Dieu descendant du ciel leur donna un nouvel accès à l'usage de leur langue. Puis l'Ecriture établit et confirme que chaque chose qu'ils firent ou dirent après cela, au travers de l'Esprit saint, glorifia Dieu. Ils utilisèrent leur langue selon le dessein pour lequel Dieu la leur avait donnée.

La clé au problème de la langue est de la soumettre au Saint-Esprit. C'est ce que Paul déclare dans Eph. 5:17-18:

> C'est pourquoi ne soyez pas sans intelligence, mais comprenez quelle est la volonté du Seigneur. (Le verset suivant nous dit quelle est la volonté du Seigneur).
> Ne vous enivrez pas de vin: c'est de la débauche. Mais soyez remplis de l'Esprit.

Nous devons assembler ces deux choses: c'est pécher que d'être ivre de vin, mais ça l'est aussi pécher que de ne pas être rempli de l'Esprit saint. L'ordre positif est aussi valable que l'ordre négatif. Ne soyez pas ivres de vin, mais soyez remplis de l'Esprit saint.

Dans un sens, il s'agit de deux ivresses, mais différentes, si l'on peut dire, parce que le jour de la Pentecôte, lorsque les disciples, hommes et femmes furent remplis de l'Esprit saint, les moqueurs dirent: "Ils sont ivres!" Dans un certain sens, ils étaient enivrés, mais leur ivresse était très différente de l'ébriété due au vin. Ils n'étaient pas ivres de vin, mais ils étaient remplis de l'Esprit saint. Puis, Paul continue:

> Entretenez-vous[2]: (Parlez-vous l'un à l'autre) par des psaumes, des hymnes et des cantiques spirituels; chantez et célébrez le Seigneur de tout votre coeur; rendez toujours grâces pour tout à Dieu le Père, au nom de notre Seigneur Jésus-Christ.
>
> Eph. 5:19-20

Remarquez ces mots "entretenez-vous, parlez entre vous" qui suivent l'injonction "soyez remplis de l'Esprit saint" des versets précédents. Il y a quinze passages dans le Nouveau Testament où il est question de disciples remplis de l'Esprit saint. Et à chaque fois la manifestation initiale vient par la bouche. "De l'abondance du coeur la bouche parle."

Lorsque vous êtes remplis de l'Esprit saint, la première manifestation vient par votre bouche, par votre langue. Au lieu de murmurer, de vous plaindre, de critiquer, de céder à l'incrédulité, Paul dit que vous parlerez, chanterez, jouerez de la musique et remercierez Dieu. L'emploi entier de votre langue devient positif et non négatif.

La solution à chaque problème de péché dans notre vie doit être positive. Abandonner le péché n'est pas suffisant, nous devons agir en justice. Il n'est pas suffisant de refuser votre langue au diable; vous devez la soumettre à l'Esprit saint. Soyez remplis de l'Esprit et parlez: voilà le remède.

* * * * * * *

CHAPITRE 9

L'IMPORTANCE DE VOTRE CONFESSION

Nous avons besoin de voir comment l'emploi juste de notre langue nous rattache d'une manière particulière à Jésus-Christ, en tant que notre souverain sacrificateur. Le sacerdoce de Jésus est un ministère éternel continuellement à l'oeuvre dans les cieux. Après avoir pris sur Lui nos péchés, être mort et ressuscité, et monté aux cieux, Jésus est entré dans Son sacerdoce éternel, celui de souverain sacrificateur défendant notre cause, nous représentant en avocat en la présence de Dieu. Il est notre souverain sacrificateur, à condition que nous déclarions, de nos lèvres et de manière juste, notre foi. C'est ce qu'écrit l'auteur de l'épître aux hébreux:

> C'est pourquoi, frères saints, participants à l'appel céleste, considérez l'apôtre et le souverain sacrificateur de notre confession, Jésus.
>
> Héb. 3:1 (trad. Darby)

Remarquez la dernière partie du verset. Jésus est le souverain sacrificateur de notre confession. C'est la déclaration de notre foi qui nous rattache à Jésus en tant que souverain sacrificateur. Si nous croyons simplement et ne faisons aucune confession de notre foi, alors Son sacerdoce ne peut agir envers nous. C'est sur la fondation de notre confession de foi exprimée de notre bouche, et non cachée dans notre coeur, non exprimée, que Jésus oeuvre dans les cieux envers nous en tant que notre souverain sacrificateur.

Il est extrêmement important de faire et de maintenir la confession vraie et juste de notre foi. Le mot "confession" signifie littéralement "dire la même chose que". Dans cette optique, confesser c'est exprimer de notre bouche la même chose que Dieu dit dans l'Ecriture. C'est se faire l'écho de la parole de Dieu contenue dans l'Ecriture au moyen de notre bouche.

Lorsque par la foi nous accordons les paroles de notre bouche avec ce que Dieu dit dans la Bible, alors Jésus a la possibilité d'exercer Son ministère de souverain sacrificateur en notre faveur en la présence de Dieu. Si nous faisons une mauvaise confession de notre foi, nous freinons, nous restreignons même Son ministère.
Cela dépend de la confession que nous faisons. C'est elle qui nous relie à Jésus en tant que notre souverain sacrificateur. Ceci est mis en lumière par deux fois dans l'épître aux Hébreux. La première référence est dans Héb. 4:14:

> Puisque nous avons un grand souverain sacrificateur qui a traversé les cieux, Jésus le Fils de Dieu, tenons fermement la confession de notre foi.

C'est notre confession qui continue à nous relier à Jésus en tant que notre souverain sacrificateur. A nouveau nous lisons dans Héb. 10:21,23:

> Et puisque nous avons un souverain sacrificateur établi sur la maison de Dieu, confessons notre espérance sans fléchir, car celui qui a fait la promesse est fidèle.

Chaque fois que la Bible parle de Jésus en tant que souverain sacrificateur, elle dit que nous devons faire, maintenir et tenir ferme la confession de notre foi et de notre espérance. C'est notre confession qui nous relie à Jésus en tant que notre souverain sacrificateur. Si nous ne maintenons pas cette confession, nous freinons et même dépouillons Son ministère envers nous. La confession juste est en fait essentielle pour le salut.

> La parole est près de toi, dans ta bouche et dans ton coeur. Or, c'est la parole de la foi que nous prêchons. Si tu confesses de ta bouche le Seigneur Jésus, et si tu crois dans ton coeur que Dieu l'a ressuscité d'entre les morts, tu seras sauvé. Car en croyant du coeur on parvient à la justice, et en confessant de la bouche on parvient au salut.
>
> Rom. 10:8-10

A nouveau, comme nous l'avons vu jusqu'à présent, il y a un lien direct entre le coeur et la bouche. Jésus a dit: "De l'abondance du coeur la bouche parle." Le salut dépend de deux choses: exercer la foi dans notre coeur et en faire la confession juste de notre bouche.

Le mot "salut", dans la Bible est un mot complet qui inclut toutes les bénédictions et les provisions de Dieu qui ont été gagnées pour nous par la mort de Jésus-Christ. "Salut" inclut les bénédictions spirituelles, physiques, financières, temporelles et éternelles. Toutes ces bénédictions acquises au prix de la mort de Jésus sont résumées en un mot "le salut".

Pour entrer dans la plénitude du salut de Dieu dans chaque espace de notre vie, nous devons faire la confession vraie et juste. Dans chaque espace de notre vie, quel qu'il soit, nous devons par notre bouche exprimer la même chose que ce que Dieu dit dans Sa parole. Lorsque notre confession est en accord avec la parole de Dieu, nous entrons dans la provision pleine et complète de Dieu dans le salut, et nous jouissons du ministère de Jésus en tant que souverain sacrificateur opérant pour notre avantage dans les cieux. Avec le soutien de Jésus oeuvrant sur le fondement de notre confession, il n'est rien qui puisse nous entraver ou nous empêcher d'entrer dans la plénitude de notre salut. Notre confession nous lie à Jésus en tant que notre souverain sacrificateur. C'est pour cette raison que ce que nous disons de notre bouche détermine notre expérience.

Retournons brièvement à l'illustration de la langue comme gouvernail de la vie humaine.

> Voyez encore les navires: si grands qu'ils soient, et poussés par des vents impétueux, ils sont dirigés par un très petit gouvernail au gré du pilote. De même, la langue est un petit membre, mais elle a de grandes prétentions...
>
> Jac. 3:4-5

Ce que le gouvernail est au bateau, la langue l'est au corps et à la vie humaine. Le bon emploi du gouvernail dirige le bateau correctement. Le mauvais emploi entraîne le naufrage. Il en est de même avec la langue. Le bon emploi de la langue amène le succès et le salut dans sa plénitude. Son mauvais emploi mène au naufrage et à l'échec.

Le bateau est dirigé avec un très petit gouvernail là où le pilote désire aller. Un paquebot peut avoir un capitaine aux nombreuses années d'expérience, mais lorsqu'il arrive au port, il ne lui est pas permis de diriger le bateau lui-même. Un règlement pratiquement immuable veut que le capitaine prenne un pilote à bord et permette au pilote d'assumer la manoeuvre de la direction de l'entrée au port vers le quai, grâce au gouvernail.

Vous et moi pouvons penser que nous avons la capacité de diriger notre vie, mais il est des situations que nous ne pouvons contrôler. Nous devons prendre à bord un pilote et lui laisser assumer la responsabilité. Pouvez-vous deviner qui est ce pilote? Bien entendu, le pilote est le Saint-Esprit. Seul le Saint-Esprit peut nous rendre toujours capable d'employer notre langue avec justesse et de faire la confession vraie et juste.

Le Saint-Esprit est l'Esprit de vérité et l'Esprit de foi. Lorsqu'Il motive et contrôle nos paroles et notre langage, ceux-ci deviennent positifs. Alors notre langage honore Dieu et apporte les bénédictions de Dieu dans notre vie. Chacun de nous a besoin du Saint-Esprit pour piloter, diriger notre vie en contrôlant notre langue. Il est la solution ultime au problème de la langue humaine.

Dieu permet que nous aboutissions à un point d'échec dans notre vie. Il dit: "Aucun d'entre vous ne parvient à contrôler sa langue." Puis Il affirme: "Mais J'ai un Pilote. Inviterez-vous le Pilote à bord?" Tout ce qu'il est nécessaire de faire, c'est de répondre simplement par une prière comme celle-ci:

"Saint-Esprit, je ne peux pas contrôler ma langue de manière juste. Viens et prends-en le contrôle. Je me soumets à Toi en confiance. Donne-moi une langue qui glorifie Dieu. Amen."

* * * * * * *

[1]Note du traducteur: Cette traduction littérale de la New American Standard Version (NAS), et de la New International Version (NIV), les versions américaine et anglaise les plus courantes, fait apparaître une figure de style (métonymie) présente dans le texte hébreu, que l'on ne retrouve pas dans les versions françaises comme la Nouvelle Version Segond Révisée, ou la Synodale. La figure de style "ma gloire" exprime "l'ensemble des facultés de l'intellect qui rendent gloire à Dieu", donc "se réjouissent".

[2]traduction littérale de la New International Version.